LETTRE

ADRESSÉE

A S. EXC. MONSIEUR LE MINISTRE DES AFFAIRES ÉTRANGÈRES

DE FRANCE

le 29 juillet 1896

PAR

le Comte de TENHULLE

LETTRE

ADRESSÉE

A S. EXC. MONSIEUR LE MINISTRE DES AFFAIRES ÉTRANGÈRES

DE FRANCE

le 29 juillet 1896

PAR

le Comte de TENHULLE

Monsieur le Ministre,

En 1895, j'ai été admis à l'honneur de pouvoir offrir à S. Exc. M. le Président de la République française, par l'intermédiaire de M. le baron d'Anethan, ministre plénipotentiaire de Belgique, et par votre gracieux concours, une Étude, dont j'étais l'auteur, sur les opérations militaires de mon oncle paternel, le Feldzeugmeister baron d'Aspre, aux batailles de Mortara et de Novare, d'abord, et ensuite au rétablissement de la paix en Italie, en 1849, à la suite d'une convention, signée entre la France et l'Autriche. M. le Président a bien voulu charger Votre Excellence de me remercier pour cet envoi.

Aujourd'hui, Monsieur le Ministre, je désire de nouveau obtenir l'honneur de pouvoir offrir au chef suprême du gouvernement français, un autre ouvrage que je viens de faire publier, et qui consiste en deux Études militaires historiques, intitulées *Novare, Sadowa*. Toutes les deux, à des titres différents, intéressent la France.

La première est ma brochure de l'an dernier, mais refondue et agrandie, avec la pensée de la mettre militairement et définitivement au-dessus de toute critique, et surtout de celle qui se borne à dire : « Que le fait historique de Novare est trop ancien pour qu'il soit permis de remettre en discussion le jugement autrichien porté sur lui alors. » C'est très peu sérieux.

Cette première étude démontre d'ailleurs qu'en 1849, mon parent, à la tête de l'armée autrichienne, couvrait virtuellement le siège de Rome, accompli par l'armée française, commandée par le général Oudinot de Reggio *.

I. La seconde étude, après avoir fait le récit de la campagne de Bohême en 1866, tend à prouver que la médiation offerte, après Sadowa, par l'empereur Napoléon III, et les négociations diplomatiques du comte Benedetti, y relatives, peuvent et, selon moi, doivent être envisagées comme les prolégomènes de la néfaste guerre franco-allemande de 1870-71. La lettre du général comte de Moltke au prince de Bismarck, en date du 8 août 1866, que je publie comme pièce justificative, ne peut laisser subsister aucun doute à cet égard **.

Cette étude est écrite dans la pensée initiale, d'amener un retour d'opinion favorable sur ces événements, et de contribuer, dans l'humble mesure de mes forces, « et si je puis, à un rap-
» prochement désirable entre les deux nations les plus guer-

---

* *Novare*, page 53. — Mort peu après, en 1850, le général d'Aspre n'a jamais reçu de récompense de la France.
** *Sadowa*, pages 285, 307 et suivantes.

» rières de l'Europe * ». Dès les premières pages, on peut, je l'espère, s'en rendre compte. Réussirai-je dans mes efforts? C'est à Votre Excellence, Monsieur le Ministre, auteur d'ouvrages si remarquables sur l'Autriche, depuis le cardinal de Richelieu, de répondre à cette interrogation, avec l'autorité incontestée qu'on lui reconnaît.

Sous cette réserve, j'ose prendre la hardiesse de mettre devant les yeux de Votre Excellence les motifs d'un tel rapprochement, et ses probables résultats. Mais ces résultats ne semblent réellement possibles qu'à la suite d'une entente préalable entre la France et la Russie, d'une part, et l'Allemagne de l'autre. Cette entente étant bien établie entre ces trois puissances, on peut dire que le meilleur, et peut-être le seul praticable moyen de les réaliser, consiste dans la solution de la question d'Orient.

A cet égard, il convient de rappeler ici que S. M. l'empereur d'Allemagne a déjà, et cet hiver même, adressé une invite allégorique aux divers gouvernements de l'Europe. Elle semble renfermer le germe de la solution préconisée par moi :

Peuples chrétiens, veillez sur vos biens les plus chers.

G. J. R.

Heureusement, car depuis un siècle, et faute d'entente entre les grandes puissances, cette solution désirable, et même désirée, a toujours été, et de commun accord, écartée et remise à plus tard. Un incendie survenait-il dans ces malheureuses contrées orientales, la diplomatie européenne n'avait, et ne pouvait avoir

---

* *Sadowa*, pages 67 et 68.

qu'une seule et même ligne de conduite à suivre : mettre le pied sur l'incendie, pour l'empêcher d'en faire naître un autre, et plus malheureux encore, ailleurs, en Europe. Mais ce piétinement sur place est-il toujours admissible ? Ce n'est certes pas moi, Monsieur le Ministre, qui le soutiendrais. Je me bornerai seulement à faire remarquer (ce que tout le monde sait, mais sans vouloir l'avouer) que, depuis un demi-siècle, la Turquie se désagrège si rapidement, que, dans un bref délai, elle doit inévitablement aboutir à une chute définitive. L'une province, l'un royaume, après l'autre, se détache

> De cet arbre, séché jusques dans ses racines.

Juste fin d'un régime obéré, arriéré, faible, impuissant, immoral, esclavagiste, obstructionniste, et vivant d'expédients. Véritable antilogie de la brillante et humanitaire civilisation moderne ! Défi jeté à la morale la plus élémentaire !

On peut en faire la demande, Monsieur le Ministre ? La démocratie française, si ardente au travail du relèvement et de l'amélioration du sort des classes laborieuses, ce qui, du reste, constitue son honneur, restera-t-elle donc toujours inerte devant ce gouvernement ottoman, le seul et dernier soutien de l'esclavage dans le monde ? Ne rougira-t-elle pas enfin de maintenir un régime, où la femme est avilie, l'homme mutilé, les populations réduites à un esclavage peu dissimulé, et les ressources d'un grand empire employées, dans leur majeure partie, à l'entretien du seul palais impérial ? O temps ! On n'a de souci que pour les grèves d'ouvriers, d'ailleurs bien payés ; et aussi, hélas ! pour de tristes et vaines querelles religieuses. Ces débats, renouvelés trop souvent, ferment la route aux grandes traditions diplomatiques de la France : celles des Thiers, des Guizot, des ducs de Broglie et Decazes. Peut-être est-il réservé à Votre Excellence de les rouvrir. Une question, comme celle que je traite ici, lui fournirait une si belle plate-forme !

Il est temps, en effet, de songer à remplacer le régime ottoman, qui ne se maintient plus debout, que par son inertie, et aussi, hélas ! par la faiblesse d'une Europe divisée. « La voix » du sang des cent mille chrétiens égorgés cet hiver, avec les » raffinements d'une férocité sans exemple, s'élève lamenta- » blement vers le Ciel ! La justice immanente réclame impé- » rieusement la fin de ces horreurs. Deux voix se sont cepen- » dant fait entendre récemment à cet égard : celle d'un noble » et puissant empereur chrétien et celle d'un humble, mais » zélé missionnaire français *. »

Au moyen âge, elles auraient poussé l'Europe tout entière sur les chemins de l'Asie. De nos jours, elles amèneront proba- blement la France si généreuse à agir ; mais à agir efficacement, non plus par des expédients : le temps en est passé ; mais par une entente avec le souverain qui a fait entendre à l'Europe ce miséricordieux cri d'appel. Et si cette entente s'établit, je le demande avec sécurité : quelle est la volonté en Europe qui

---

* *Sadowa*, pages 305 et suivantes, pièces justificatives. Le P. Charmetant redoute, et non sans raison, le réveil du fanatisme musulman, qui s'agite depuis les rives de l'Inde anglaise, jusqu'au Maroc. Le marquis de Morès a été sa dernière victime.

oserait lui faire opposition? N'est-elle pas destinée à disparaître devant la colossale force armée des trois grandes nations septentrionales, réunies dans cette féconde entente, et armées pour la plus noble des causes humanitaires?

Et qu'on ne dise pas qu'une telle entente est irréalisable. La récente terminaison si heureusement opérée par elles, dans le dernier conflit sino-japonais, prouve éloquemment le contraire.

Mais admettons, pour un instant, qu'une telle opposition, isolée ou coalisée, se rencontre. Quel en serait le résultat? Autre? Si ce n'est de rouvrir immédiatement la question du *statu quo ante pacem* de juillet 1866?

La France, l'Allemagne, la Russie, auraient un égal intérêt à la remettre en discussion. L'Allemagne, pour voir disparaître l'obstacle que la médiation française de 1866 a mis aux légitimes revendications territoriales qu'elle était en droit de poser en Bohême alors. La lettre du général de Moltke, citée par moi, est sans réplique à cet égard. La France, pour effacer la faute commise alors aussi par son souverain, l'empereur Napoléon III, offrant sa médiation, mais sans agir au mieux de l'intérêt de ses peuples, et en se prêtant seulement au change, que l'Autriche a eu le talent de lui faire prendre dans sa détresse *.

La Russie enfin, pour profiter de ces deux précédents, et demander, de son côté, un légitime retour sur la faute com-

---

* *Sadowa*, pages 285 et 307, pièce justificative B. Le général de Moltke engage, dans cette lettre, le prince de Bismarck de faire promptement la paix avec l'Autriche pour avoir la liberté de ses actions à l'est et à l'ouest de l'Allemagne.

mise par le célèbre prince de Bismarck, après San Stéfano,
« point extrême où en étaient arrivées les armées russes vic-
« torieuses, onze ans plus tard ». Le souvenir cuisant de cette
faute ne s'est pas encore effacé dans ce grand empire *.

Voilà l'enchaînement, la corrélation des faits. Malgré tout
ce qui peut dans le présent leur faire obstacle, leurs consé-
quences sont irréductibles dans l'avenir, jusqu'à présent du
moins. Depuis un quart de siècle, on s'y prépare, par des arme-
ments toujours renouvelés, toujours grandissants, toujours rui-
neux, et qui finiront, si on n'y oppose un remède efficace, par
absorber toutes les ressources financières des nations civilisées.

Pourquoi ne pas essayer de sortir de ces difficultés? De
crainte d'opposition à naître? Mais alors, je le répète, le débat
s'élargit et ouvre une voie plus grande à l'action des trois
nobles puissances, qui ne peuvent pas permettre qu'on se
mette en travers de l'œuvre humanitaire qu'elles ont entre-
prise ensemble. Cette œuvre est la même que celle qui, au
moyen âge, a illustré, et la chevalerie française, et les empereurs de la dynastie franconienne des Hohenstauffen ; et notam-
ment de Frédéric II Barberousse, dont l'empereur Guillaume II
est le légitime successeur. Comme eux, il a, par son symbo-
lique appel, comme eux, il a pris la croix ! Honneur lui en soit
rendu ! Son exemple sera suivi, tôt ou tard. Il ne restera pas toujours isolé. Sa réalisation justifierait seule le surnom glorieux de
Grand ; d'autant plus que, sans lui, cette œuvre paraît irréalisable.

---

* *Sadowa*, page 285.

II. C'est ici, Monsieur le Ministre, la seconde partie de mon exposé. Et je prie Votre Excellence de m'autoriser à la lui soumettre. C'est celle des résultats à attendre de l'entente préconisée par moi.

Outre la délivrance des populations chrétiennes d'Orient, destinée à les sauver d'une entière destruction, et ce qui serait l'éternel honneur de cette entente, ces résultats seraient : 1° De faire reconnaître à la France, que S. M. le roi Guillaume Ier avait le droit en 1866, de par ses victoires en Bohême, d'exiger de son adversaire vaincu, un accroissement territorial proportionné à la grandeur de ces victoires, et que la médiation de l'empereur Napoléon l'a seule empêché de dicter. La lettre, citée plus haut, du général de Moltke ne laisse subsister aucun doute à cet égard *. 2° De faire reconnaître à l'Allemagne que S. M. l'empereur de Russie avait, en 1877, également le droit de tirer de sa mémorable victoire de Plewna, et du magnifique *raid* de l'armée commandée par le général Skobeleff, à travers les neiges des Balkans, un agrandissement territorial auquel le traité de Berlin a mis aussi obstacle. De cet abus de pouvoir est né le refroidissement entre la « Russie recueillie » et l'Allemagne, son alliée de jadis.

Or, s'il a toujours été vrai de dire, que celui qui reconnaît ses fautes est déjà en chemin de les réparer, il faut convenir aussi que celles que je signale ici sont facilement réparables. Et en-

---

* *Sadowa*, pages 285 et 307, pièce justificative B. Le général de Moltke engage, dans cette lettre, le prince de Bismarck à conclure immédiatement un accord avec l'Autriche.

core une fois, cette réparation peut s'effectuer à l'aide de la
guerre la moins onéreuse qui existe (si toutefois il est indis-
pensable d'y recourir), pour la solution de la question d'Orient ;
« laquelle ouvre aux nations chrétiennes de larges compensa-
» tions européennes, capables de régler tous leurs différends ».
(*Sadowa*, page 67.)

Selon moi, Monsieur le Ministre, et je prie ici Votre Excellence de n'envisager mon exposé que comme tirant de grandes
lignes d'exécution, essentiellement modifiables ; selon moi,
dis-je, la France et la Russie, d'une part, autorisant et aidant
l'Allemagne de l'autre, à s'assurer les agrandissements terri-
toriaux qu'elle était en droit de prélever et de dicter, comme
prix de ses immenses victoires de 1866 en Bohême, amèneraient
logiquement, par voie de réciprocité légitime, cette dernière
puissance à reconnaître : que la France et la Russie peuvent
également réclamer, l'une le retour pur et simple de ses deux
provinces perdues, et l'autre la faculté d'entrer à Constantinople, quand elle le jugera utile à ses intérêts, sacrifiés au
traité de Berlin. Voilà les bases irréductibles de l'entente.

Ces prémisses, étant acceptées par elles, devraient être affir-
mées par leur triple effort militaire et constitueraient leur part,
par préciput et hors part, dans la succession de l'homme malade.

C'est à la diplomatie de l'Europe, et non à ma plume d'humble
écrivain, qu'il convient de régler les modes et les termes défi-
nitifs de la liquidation finale de cette succession. Pour reculée
à plus tard qu'elle puisse être, elle n'en est pas moins inévi-
table dans l'avenir.

Je me bornerai seulement à indiquer, d'autre part, la magnifique compensation qu'elle permettrait d'offrir à l'Autriche-Hongrie, en lui assurant désormais la propriété pleine et entière de la Bosnie et de l'Herzégovine, et en y ajoutant le don de la riche Macédoine. En peu d'années, cette puissance amènerait cette belle contrée à la civilisation chrétienne, du chef de son glorieux nom d'Oster-Reich, empire d'Orient ! Et le port de Salonique deviendrait dans ses mains opulentes, tant à cause de sa plus grande proximité du canal de Suez, que des installations maritimes grandioses, que sa métropole serait, elle, en mesure d'y créer, deviendrait, dis-je, la Venise du vingtième siècle ! Quel superbe héritage, pour remplacer le souvenir de la Venise historique, perdue en Italie ! Cette acquisition serait d'un prix inestimable comme débouché pour les produits de la Hongrie.

Le port de Marseille n'aurait d'ailleurs pas de grande concurrence à redouter de ce nouvel état de choses : les navires d'Orient et de Russie n'ayant aucun intérêt commercial à rompre charge, au lieu et avant de pénétrer dans la Canebière.

Quant à la seconde alliée de l'Allemagne, sa part successorale ne serait pas moins brillante. Elle obtiendrait le don : soit du royaume d'Albanie, ardemment convoité par elle, et qu'elle coloniserait, richement et rapidement, par et avec son excédent annuel d'environ un million de la population italienne ; soit de la riche Tripolitaine, non moins désirée par elle, et qui assurerait un admirable débouché à cette grande masse ouvrière, que la Sicile ne peut plus nourrir, et qui est si digne de l'intérêt européen.

Dans l'un ou l'autre cas, ce serait une nouvelle Italie, à proximité, pour ainsi dire, des regards de la mère patrie. La métropole y gagnerait un énorme surcroît de forces. Et elle pourrait, dès lors, renoncer au rêve décevant de Trieste et de l'Istrie ; rêve auquel ni l'Allemagne ni l'Autriche ne peuvent jamais donner l'ombre d'un consentement, sous peine, si je puis m'exprimer ainsi, de se priver du jeu d'un de leurs poumons. Elle pourrait de plus, et avec le plus légitime honneur, se retirer de cette colonie stérile de l'Érythrée, où elle n'a en perspective que de longues et sanglantes luttes à soutenir, avec les guerrières populations de l'Abyssinie. Le seul résultat de cette occupation est de servir de contrefort aux Anglais, en Égypte et en Éthiopie. Or l'intérêt général demande l'évacuation de ces pays.

Qu'il me soit permis ici, Monsieur le Ministre, d'ajouter un autre vœu, cher à des millions de catholiques, non seulement en France, mais en Allemagne, en Autriche, en Espagne, en Amérique ; en un mot, dans le monde entier.

Je manquerais à toutes les traditions de ma famille, et à l'honneur, auquel je tiens avant tout, d'être depuis la mort récente de mon frère aîné, le baron d'Aspre, d'être, dis-je, le plus proche parent du célèbre général qui a restauré, en 1849, le trône du pape Pie IX, d'accord avec la France républicaine, je manquerais à tout ce que j'ai de plus cher dans mes sentiments, si je ne formulais pas ici le vœu, de voir l'autorité souveraine du pape Léon XIII rétablie, au moins dans une fraction des anciens États de l'Église : ne fût-ce que dans Rome, Civita-Vecchia et une partie de l'Italie centrale. Enlevé par la violence, au moment des désastres de la France en 1870, ce domaine pourrait être reconstitué en 1896, au moins partiellement, par la France républicaine, rentrée de nos jours elle-même dans ses anciennes limites territoriales. Ce ne serait, du reste, pas une diminution de puissance pour S. M. le roi d'Italie, qui pourrait, de commun accord, être élevé à la dignité impériale. Ses deux capitales, Florence et Naples, le mettraient en rapports plus directs, que Rome, avec ses deux nouvelles et florissantes colonies. Le titre du nouvel empereur, au lieu d'être, comme il l'est maintenant, quelquefois discuté, serait béni par les millions de catholiques dont j'ai parlé plus haut. Empereur d'Italie ou des Italiens, roi d'Albanie et souverain de la Tripolitaine, voilà assez de titres, de nature à satisfaire l'ambition d'un conquérant! Cette solution le mettrait enfin en paix avec l'autorité morale et religieuse, qui est, malgré tout, le palladium de sa couronne.

Elle ne serait du reste pas mal vue à Berlin, où le centre catholique, dans le Reichstag, domine toute la situation parlementaire, et emporte la majorité, selon qu'il se porte, dans sa force maîtresse, soit à droite, soit à gauche. Elle ne serait pas moins bien accueillie dans l'Autriche-Hongrie, dont le souverain n'a jamais voulu reconnaître entièrement le roi d'Italie, auquel, depuis plus de dix ans, il refuse, dans sa capitale de Rome, la visite qu'il en a reçue dans sa capitale de Vienne. Et c'est cependant son allié. S. M. le roi d'Italie ne peut pas, sans manquer à sa dignité, accepter d'autre visite que dans sa capitale actuelle, qui, il est vrai, est mal choisie, à cause de la présence d'un autre souverain, reconnu par tous les gouvernements de la terre.

Ce seul fait devrait suffire pour faire comprendre la nécessité de la solution préconisée ici. Le fort parti catholique dans l'empire d'Autriche saluerait avec joie une solution si avantageuse. Il en serait de même dans tous les pays où le parti catholique domine pleinement, comme en Espagne et en Belgique. Dans l'Allemagne méridionale, la solution présentée serait acclamée.

Je sais bien qu'en France, à moins de s'abandonner à d'étranges illusions, on ne peut pas, pour le moment, se livrer à de semblables espérances. Mais dans ce peuple mobile et primesautier, noble toujours et généreux, que ne peut-on pas attendre du bonheur créé par le retour de ses chères provinces perdues? Jamais un gouvernement aurait-il eu, depuis un demi-siècle, une telle autorité, devant des événements si heureux? Pour la généreuse population française, l'adhésion devrait être, et serait probablement unanime; car elle y verrait la reconstitution de la grandeur de la nation, comme avant 1870.

III. Mon exposé serait essentiellement incomplet, Monsieur le Ministre, si Votre Excellence ne me permettait pas de faire valoir encore, à vos regards, les résultats favorables que les trois puissances coopérantes, dans la solution de la question d'Orient, auraient à attendre de leur entente désirée.

1° Et d'abord pour la France : elle assurerait ce que Votre

Excellence appelait, ces jours derniers à Saint-Dié, en un si juste langage : « les solutions équitables de l'avenir, » c'est-à-dire le retour pur et simple de l'Alsace et de la Lorraine, sans une goutte de sang versé, au moins sur le Rhin ; et avec le caractère gracieux, que tous ses actes et ses discours font découvrir dans l'âme de l'empereur actuel d'Allemagne !

Ce que la France ne peut obtenir ni par un rachat que l'Allemagne n'admettrait pas ; ni par une nouvelle attente d'un nouveau quart de siècle, qui n'aurait d'autre résultat que d'aviver les haines et les méfiances des deux nations, entretenues par une presse peu mesurée ; ni enfin, par une guerre qui, outre qu'elle serait chanceuse, entraînerait de part et d'autre une si effroyable effusion de sang, que, de part et d'autre, l'imagination recule épouvantée devant de tels malheurs ;

Ce que la France ne peut donc obtenir par ces moyens, elle pourrait, selon moi, l'obtenir par une entente avec l'Allemagne. Le souverain de cette grande nation se montre depuis quelque temps si gracieux envers elle, qu'on peut, je pense, en concevoir l'espoir ; et cet espoir, comme mon exposé le démontre, est fondé sur des raisons si sérieuses, et tout à l'honneur « des » deux nations les plus guerrières de l'Europe », qu'il en devient des plus vraisemblables.

Dès lors la France, heureuse du retour de ses deux provinces perdues, sans lequel aucune alliance n'est possible, la France, guérie, de ce côté, de toute autre ambition, par le souvenir à jamais néfaste de trois invasions, la France réconciliée avec sa voisine, veut et voudra désormais toujours et résolument la paix. Comme l'a dit si justement Votre Excellence à Saint-Dié, « cet esprit pacifique rayonne loyalement sur l'Europe, » qui lui rend justice ». Et il peut d'autant mieux donner des garanties, absolument certaines à cet égard, qu'au moment où Votre Excellence prononçait ces paroles loyales, la nation que vous représentez, dans ses rapports avec les autres peuples, a enfin reconstitué toute sa grandeur militaire, et « que c'est son » honneur d'être, actuellement, l'alliée du grand empereur de » la Paix* ».

2° En ce qui regarde la Russie, peut-on mettre un seul instant en doute son bonheur légitime, en voyant en ses mains le prix du sang vaillant versé par elle à Plewna, et la consécration des victoires, remportées par elle, jusqu'aux portes mêmes de Constantinople?

Constantinople ! Qui ne serait plus jamais la Bysantia *delenda* des barbares conquérants ottomans ; mais la Bysantia *liberata* des temps modernes ; la Bysantia arrosée, au treizième siècle, du sang de la chevalerie française de Baudouin de Flandre ; la Bysantia reconquise, après quatre cent cinquante ans d'abjection turque, par le sang des soldats de la sainte Russie.

Mais aux Pâques prochaines, cette vaillante nation serait secouée, d'une extrémité de l'empire des tsars à l'autre, par le même cri d'enthousiasme, en apprenant que sous les voûtes

---

* Discours de M. Hanotaux, ministre des affaires étrangères de France, à l'inauguration de la statue de Jules Ferry à Saint-Dié, le 26 juillet 1896.

de l'antique basilique de Sainte-Sophie, a retenti de nouveau le chant libérateur et triomphal de : « Christ est ressuscité! Il est vraiment ressuscité! » Si en ce jour saint, et en signe d'une joie commune, le prince et le moujick s'embrassent en se répétant ces paroles bénies, on peut affirmer résolument que la Russie tout entière enverrait avec joie le baiser de paix à la France tout entière, et confondrait avec elle l'Allemagne dans son cordial salut. A partir de cette heure, rien ne parviendrait à ébranler l'alliance franco-russe, si heureusement cimentée, et qui donnerait, après deux cents ans d'attente, la vie au rêve caressé par tous les souverains de Russie, Pierre le Grand, Catherine Ire, Catherine II, Alexandre Ier, Nicolas Ier, Alexandre II, et si on est en droit d'en juger ainsi, d'après la loi d'atavisme, Nicolas II, le jeune empereur de Russie régnant.

Parlerai-je du cri de délivrance des populations chrétiennes de l'Empire turc? Non. C'est inutile. On en devine la profondeur joyeuse, en reportant son esprit au récit des épouvantables horreurs dont mon ouvrage sur Sadowa a parlé, et qui se renouvellent encore de nos jours mêmes, hélas !

Mais il est un autre avantage que la France ne peut pas perdre de vue : c'est que le rétablissement des nouveaux empereurs chrétiens de Constantinople assurerait la jonction des flottes franco-russes dans la Méditerranée, aujourd'hui contrariée par la présence des Turcs sur le Bosphore.

Quel malheur, si, au moment où de toutes parts les populations chrétiennes de la Turquie se soulèvent contre le joug abhorré de l'Islam, la France, faute d'énergie et pour maintenir sur pied un régime vermoulu, risquait de remettre encore une fois en suspens cette alliance fortunée. *Caveant consules !*

C'est pour l'avoir oublié, et pour avoir voulu se soustraire aux promesses, et à la signature du traité de Tilsitt, que l'empereur Napoléon Iᵉʳ a dû sacrifier la vie d'un million de ses soldats, dans les campagnes de Russie en 1812, d'Allemagne en 1813, de France en 1814, et de Belgique en 1815.

C'est aussi pour l'avoir méconnu, que l'empereur Napoléon III a dû semer les champs de la Dobrudja et de la Crimée, des os de cent mille braves combattants français.

C'est enfin également pour l'avoir méconnu, à Berlin en 1878, que le célèbre prince de Bismarck a brisé l'alliance ancienne de l'Allemagne et de la Russie, désormais « recueillie ».

Et si, à la suite de cette faute heureuse pour la France, l'alliance ou, si on veut, l'entente franco-russe, s'est renouée, peut-on imaginer que la France risque une troisième fois de la perdre, pour sauver, et momentanément encore, l'odieux régime turc, destiné à disparaître devant les rayons étincelants de la civilisation moderne?

3° Pour l'Allemagne enfin, les résultats de la solution que je préconise ici, au nom de toutes les aspirations humanitaires modernes, ne seraient pas moins favorables et désirables. Avant tout, elle échangerait un territoire conquis en 1870-71 et annexé par elle, sans plébiscite préalable des populations annexées et encore récalcitrantes après vingt-cinq ans d'une conquête contraire au droit naturel des gens, contre un autre territoire aussi riche, que ses victoires de 1866 lui permettaient d'acquérir, et où elle est certaine, maintenant comme alors, d'être aimée et même désirée. Pour ne citer qu'une partie de ce dernier territoire, je dois rappeler ici que, après plus d'un siècle de séparation, la Silésie autrichienne regrette encore d'être détachée de la Silésie prussienne. Leur réunion s'impose. Le roi Frédéric II le Grand voulait l'exiger de l'Autriche, vaincue par lui en plusieurs batailles mémorables, dont le célèbre général de Clausewitz a fait l'historique. Il n'a renoncé à regret à cette revendication justifiée, que par suite de la résistance acharnée de l'impératrice Marie-Thérèse, de 1763 à 1779, date de la signature du traité définitif de Teschen. L'arrière-petit-fils du conquérant le sait bien *.

Anomalie singulière et peut-être unique en Europe. Depuis plus de cent ans, les populations du demi-million de catholiques des deux cercles silésiens de Troppau et de Teschen sont restées, et restent encore sous la juridiction ecclésiastique de S. G. l'archevêque de Breslau, résidant en Prusse et sujet prussien !

Il ne m'appartient pas à moi, humble écrivain, de décrire l'entier prélèvement que l'Allemagne est en droit, de par les victoires du roi Guillaume Ier le Grand, en Bohême, d'exiger de l'Autriche, d'une main, en lui offrant de l'autre, la compensation

---

* S. M. l'empereur Guillaume II vient d'en rappeler le souvenir tout récemment à Breslau.

de la riche Macédoine et du port de Salonique, qui lui donnerait jour sur une seconde mer, après celle du port de Trieste ! C'est à la diplomatie allemande-franco-russe de faire la constitution de ces actes, avec cette loyauté ferme qui est son apanage.

Quelles que soient, à cet égard, les résolutions à arrêter entre parties, on peut, dès à présent, affirmer que l'Allemagne trouverait dans l'échange proposé un grand et incontestable avantage. Et d'abord, elle y gagnerait une grande force et une grande sécurité sur sa frontière orientale qui, n'étant pas couverte par une forte coupure, comme celle de l'Elbe, est infiniment plus exposée vis-à-vis de l'étranger, non seulement en ce qui regarde la Silésie, mais même en ce qui a pour objectif sa capitale même de Berlin, qu'aucun obstacle naturel ou militaire ne couvre actuellement. L'Alsace-Lorraine, à son extrême frontière occidentale, n'offre aucune cohésion avec le reste de ses possessions, dont elle est séparée par les lignes du Rhin, de la Moselle et de la Meuse. Elle a, il est vrai, un très grand avantage dans le cas d'une guerre offensive contre la France. Mais, je le demande avec la plus grande sincérité, où pourrait encore, après une loyale réconciliation entre les deux nations, où pourrait encore subsister le germe d'une pareille guerre? Il ne faudrait connaître ni la France, généreuse avant tout, ni l'humanité entière civilisée, pour élever un doute à cet égard. Le Rhin ne suffit-il pas pour couvrir les frontières de l'Empire?

La France, heureuse du retour de ses provinces, dont rien ne parvient à lui faire oublier le souvenir, la France n'ayant désormais plus un seul litige avec sa voisine, car elle n'ignore pas que la demande d'un seul village allemand soulèverait tous les Allemands* sans distinction, contre elle, la France deviendrait, de fait, la meilleure alliée de l'Allemagne.

De son côté, la Russie, satisfaite de son entrée à Constantinople, se réunirait avec elle, dans cette entente féconde. Et toutes les trois réunies, avec la plus immense des forces connue dans l'histoire, seraient les maîtresses absolues de l'univers! Beau rêve capable de les tenter toutes les trois.

Cette alliance, ou cette entente cordiale à conclure, soit maintenant, soit en 1903, cette alliance ou cette entente (peu importe le nom qu'on voudra lui donner) serait autrement sérieuse que la Triplice actuelle.

En effet, l'Italie, quoique brave et dévouée, n'a pas encore une armée capable de remplir, dans la Triple alliance et vis-à-vis de la Russie et de la France, le rôle qu'on sera en droit d'attendre d'elle plus tard. Les dernières batailles livrées en Abyssinie permettent d'élever certains doutes à cet égard. Il en est dans cette question comme dans toutes les affaires de ce bas monde. Il faut le temps. Les autres armées européennes y ont mis des siècles.

L'Autriche-Hongrie est animée, elle, de sentiments, de vues et d'intérêts divergents de ceux de l'Allemagne, non seulement en Orient, mais même au centre de l'Europe. De par ses souvenirs historiques, ses alliances de famille, ses anciennes

---

* Lettre du général de Moltke au prince de Bismarck. *Sadowa*, page 308.

amitiés, elle sera et devra être, naturellement et malgré tout, animée de trop d'intérêts divergents. Vis-à-vis de l'Italie qui veut ouvertement s'annexer des provinces qu'elle ne peut absolument pas lui céder, il en est de même. Trieste, l'Istrie, la Dalmatie seront toujours, et de par la nature même des choses, des brandons de discorde entre elles; non de la part de souverains loyaux, mais par suite des aspirations ardentes de populations simplistes, qui n'obéissent qu'à des impulsions naturelles. Et cela d'autant plus, que le génie des deux peuples, leur langue, leur histoire, leurs goûts, sont essentiellement opposés.

Voilà, Monsieur le Ministre, l'exposé de motifs et de résultats que j'ai l'honneur de mettre sous vos yeux et sous la sauvegarde de la France.

Un Français les aurait peut-être présentés dans un plus beau style, comme l'a fait un jour un membre de l'Académie*. Peut-être aussi, cependant, éprouverait-il quelque scrupule patriotique à les écrire. Un étranger comme moi, tout en admettant ces sentiments si naturels, tout en les respectant même, est tenté de passer outre, à cause de l'utilité qu'il croit y voir. Et c'est ce que j'ai fait. Mais mon travail, étant de nature à passer non seulement sous les yeux de la France, mais peut-être sous les regards de l'Allemagne et de là Russie, je me suis efforcé d'y maintenir toute la sincérité et toute l'impartialité que j'ai pu; dans mon profond désir de montrer ma gratitude

---

* M. Lavisse, dans une lettre au journal *le Temps*.

à une nation qui me donne l'hospitalité depuis plus de dix-huit ans.

Puissé-je y avoir réussi! Puisse le succès couronner mon attente! Dieu le veuille!

Jusqu'ici je n'ai pas parlé de certaines participations que la diplomatie pourra offrir à d'autres nations attirées dans le mouvement humanitaire, rêvé pour la délivrance de l'Orient: certaines possessions en Asie pour l'Angleterre, la Crète pour la Grèce, le Maroc pour l'Espagne, etc. Ces solutions supplémentaires ressortent du sujet même. Il serait, en effet, essentiel que d'autres puissances ajoutent leur effort à celui des trois grandes nations du nord, pour donner, selon la belle tactique militaire allemande, de l'occupation aux Turcs de tous les côtés à la fois; ne fût-ce que pour prévenir des révoltes en Algérie et dans le reste de l'Afrique.

Comte DE TENHULLE.

Château du Boulay, ce 29 juillet 1896.

SAINT-CLOUD. — IMPRIMERIE BELIN FRÈRES.